LE
COMBAT DE MONTANDRE

LE

COMBAT DE MONTANDRE

EN SAINTONGE

LE 19 MAI 1402

INAUGURATION D'UNE PLAQUE COMMÉMORATIVE

PAR LA SOCIÉTÉ DES ARCHIVES HISTORIQUES DE LA SAINTONGE ET DE L'AUNIS

LA ROCHELLE
IMPRIMERIE-LIBRAIRIE NOEL TEXIER
—
1895

LE COMBAT DE MONTANDRE

19 MAI 1402

Plusieurs écrivains, nos contemporains, ont décrit la célèbre joûte de Montandre, sept chevaliers français contre sept chevaliers anglais. Sans parler de Barante, *Histoire des ducs de Bourgogne*, II, 395, ou du chanoine Monlezun, *Histoire de la Gascogne* (Auch, 1847), t. IV, p. 119, nommons parmi les auteurs saintongeais : Nicolas Moreau, bibliothécaire de Saintes, dans la *Revue anglo-française* (1835), t. III, p. 271, reproduit par l'abbé Joseph Briand, *Histoire de l'église santone*, I, 678 ; Daniel Massiou, idem, p. 281, reproduit dans l'*Histoire de la Saintonge et de l'Aunis*, III, 237 ; Hippolyte d'Aussy, *Quelques faits historiques de l'arrondissement de Jonzac* (1855), page 14 ; René-Primevère Lesson, *Histoire, archéologie et légendes des marches de Saintonge* (1846), p. 299 ; P.-D. Rainguet, *Biographie saintongeaise* (1851), article Harpedane, où il a confondu le père et le fils, puis *Etudes sur l'arrondissement de Jonzac* (1864), page 319 ; tout récemment M. l'abbé Bertrand de Cugnac, dans l'*Echo de Jonzac* du 20 octobre 1889. Ces ouvrages sont à la portée de tout le monde. Nous croyons plus utile de reproduire les récits du temps, qui ont été la source des autres ; malgré des différences, le texte des contemporains est plus sûr que celui des modernes. On en a une preuve dans le chiffre des guerriers en lutte. Combien étaient-ils ? Si nous en croyons les chroniqueurs du XVe siècle, il y avait sept Anglais et sept Français. Les noms sont indiqués ; il n'y a pas à s'y tromper. Quelques modernes ont un peu augmenté ce chiffre, qu'ils ont porté à dix-sept. Est-ce désir de donner plus d'importance au fait ? C'est Daniel Massiou qui a trouvé ce nombre : « Bien que le prince eût confiance en la valeur et prouesse de tous ses chevaliers, il désigna de préférence messire Arnault Guillon, seigneur de Barbazan, Guillaume du Chastel, Archambault de Villars, Pierre de Brabant, Guillaume Bataille, sénéchal d'Angoulême, Jehan de Carovis et Jehan de La Champagne, tous vaillans gentilhommes et de grand renom... Ils partirent de Paris, s'en vinrent trouver Jehan de Harpedane en Saintonge. Dix chevaliers de la compagnie du sénéchal se joignirent aux sept Parisiens et autant en firent de leur part les Anglo-Gascons. »

Les autres ont suivi : Dolivet, *Géographie de la Charente-Inférieure* (1854), page 107 ; Hippolyte d'Aussy (1855), p. 14. Il s'est même trouvé un auteur pour augmenter encore ce chiffre et le porter à 34, faute d'ailleurs aussitôt signalée et réparée. (*Bulletin*, xiv, 4, 93). Comment Massiou est-il arrivé au chiffre *dix-sept* ? Le texte dit : « Ils partirent de Paris bien ordonnez et garnis de harnois et s'en vinrent bien diligemment en Guyenne vers le dit sénéschal de Saintonge. Et fut chef des *dits sept* François le seigneur de Barbasan. » Massiou a mal lu, ou bien il a cru à une faute et il a corrigé bravement : Les « *dix-sept* François. »

Nous ajoutons à ces trois récits quelques vers d'Octovien de Saint-Gelais et les trois ballades de Christine de Pisan, avec quelques notes sur les sept combattants et le sénéchal de Saintonge qui fut maitre du camp.

I

VICTOIRE DE SEPT FRANÇAIS CONTRE SEPT ANGLAIS
DANS UN COMBAT PARTICULIER (1)
(Extrait de la *Chronique du religieux de Saint-Denys*, iii, 31).

Quoique tout combat particulier, qui n'a pas pour but l'intérêt de la chose publique, puisse être taxé de témérité, il y a cependant des gens qui s'engagent dans ces sortes d'entreprises, uniquement pour se faire un renom de vaillance. C'est ce que firent messire Arnaud Guillain, messire du Châtel, Bataille, Archam-

---

(1) De septem Gallicis qui contra septem Anglicos feliciter pugnaverunt

Etsi particulare prelium, non in favorem rei publice assumptum, temerarium dici possit, sub liliis tamen aureis militantes insignes viri fuerunt, videlicet dominus Arnaudus Guillain, dominus de Castro, Bataille, Archambaudus de Villaribus, Cuignet de Brebanto, Johannes dictus Champaigne et quidam vocatus Carius, qui hoc statuerunt experiri, ut tantummodo in regno commendabiles se redderent. Excogitatum aggressum laudabilem reddere cupientes, jampridem quemdam victoriarum preconem in Angliam jusserant transfretare, qui, totidem Anglicos ad gladiatorum ludum amicabiliter provocans, adderet ut hinc eventu cerneretur quantum equites gallici prestarent anglicis, et alea jacta utra gens bello esset melior reputanda. Is et in presencia regis Anglie constitutus addidit et jam Gallicos prope Burdegalensem urbem pugne locum elegisse, statuisseque ut ibi usque ad interitum pugnaretur, federe tamen inito inter partes hiis legibus ut, si quis sponte subcumberet, tantum pro redempcione preciosum solveret dyamentem.

Movit feroces animos Anglicorum oblacio alias inaudita ; et seu ira, seu odio, seu detrectandi certaminis pudore stimulantibus, domini de Scalles, Aymant Chotet, Johannes Heron, Richardus Boutevale, Johannes Fleury, Thomas Tile, Robertus de Scalles, viri potentes et strenui, annuente rege Anglie, rem terminandam libenti animo susceperunt.

Ut autem nil de oblatis recusatum comperit dux Aurelianis, frater regis, et attendens quod actores sibi assidue familiariter assistebant, ob hoc elemosi-

baud de Villars, Clignet de Brabant, Jean dit Champagne, et un certain d'Escars, tous braves gentilshommes français. Désirant donner de l'éclat à leur entreprise, ils avaient envoyé en Angleterre un héraut d'armes pour provoquer courtoisement un pareil nombre d'Anglais à une joute militaire; l'issue de cette lutte devait établir, disaient-ils, la supériorité des chevaliers français sur les chevaliers anglais, et par suite montrer laquelle des deux nations devait être considérée comme la plus brave. Le héraut, admis en présence du roi d'Angleterre, ajouta que les Français avaient choisi un champ clos dans les environs de la ville de Bordeaux, qu'ils proposaient qu'on se battît à outrance, et que l'on convint de part et d'autre que celui qui s'avouerait vaincu paierait un diamant pour sa rançon.

Cette provocation inattendue piqua la fierté des Anglais. Soit ressentiment, soit haine, soit honte de refuser le combat, messire de Scalles, messire Aymant Chotet, Jean Heron, Richard Boutevale, Jean Fleury, Thomas Tile et Robert de Scalles, tous

---

narum largiciones pluribus sacris locis exercere statuit, et ad ecclesiam beati Dyonisii accedens pro ipsis orare devotissime postulavit. Et quamvis nonnulli viri circumspecti adgressum velut juribus dissonum reprobarent, extereque naciones inde trahebant vulgare proverbium, et quod Francia cuncta regna superbia excedebat, res tamen ad votum in finalibus successit.

Pervenientes autem ad locum certaminis, ut hoc utrinque ageretur absque impedimento vel exteriori tumultu, insignes milites dominus Harpadenne, brito, et comes Rotlandi, anglicus, ambas partes conducendas susceperunt cum ingenti copia bellatorum. Quas cum die decima nona maii ad locum preordinatum perduxissent, sicut condictum fuerat, submotis equis, armati et pleni adhortancium vocibus campum ingressi sunt; et tunc ut infestis armis mutuo concurrerent, mox signum pugne datum est. Anglici ante aggressum dominum de Castro britonem, quem corpore robustiorem noverant, ad terram primo impetu prosternere concluserant; sed cum duabus lanceis ipsum fortiter impegissent, et ipse eas ambabus manibus potentissime rejecisset, utrinque cum omni armorum genere et maxima spe vincendi prelium inchoatur.

Quantis agilitate et cautela res acta, cum quanta diligencia dexteraque prepotenti alter alterum juverit, quantusque horror spectantes perstrinxerit, cum neutro inclinata spe victorie utrinque sanguis spectaculo erat, aulicis et decurionibus preconizandum relinquo. Breviloquio tamen utens, cum diu non sine mutuis conviciis dimicassent, et Anglici cum lacertis hectoreis ictus fortiter ingeminando alios ad brodia curie remitterent, ipsi quoque vice versa mortem ignominiosam regis sui Richardi pluries improperassent, tandem uno Anglico interfecto, reliqui graviter vulnerati se dederunt.

Sic peracta victoria, dominus Harpadanne brito victores secum adduxit Parisius, quos domini Francie amicabiliter exceperunt et donis cumulaverunt uberioribus, tanquam de re ad honorem Francie bene gesta. Reliqui vero induti confusione et reverencia in Angliam redierunt, sane hoc infortunio docti sunt deinde a ludo simili abstinere, quamvis ad actum similem exercendum fere per biennium majori minorique numero quam prius multos competitores habuerint, et quod merito mirabar cum tanta aviditate, ac si quid in eos prodicionis commisissent. Memini quamplures hiis temporibus petivisse cur in illis tantus ardor et insolitus fervebat; sed fateor ab eis me didicisse quod inexpiabili odio in Anglicos et propter execerabilem necem regis sui, regineque, regis Francie, expulsionem indecentem laborabant; et quia in eos apperte insurgere non audebant, ne violatores induciatium federum viderentur, occasionem honestam injurias intollerabiles vindicandi sic querebant.

(*Chronicorum Karoli sexti*, lib. XXIII, cap. III).

braves et vaillants chevaliers, acceptèrent le défi, avec le consentement du roi d'Angleterre.

Le duc d'Orléans, frère du roi, ayant appris qu'aucune des conditions n'avait été refusée, et considérant que les champions étaient tous de ses familiers, résolut de faire d'abondantes aumônes dans plusieurs lieux saints. Il se rendit même à l'église de Saint-Denys, et demanda aux religieux de prier avec ferveur pour les chevaliers français. Les gens sages désapprouvaient ce combat comme déraisonnable, et comme justifiant aux yeux des étrangers le proverbe qui accusait les Français d'être les plus présomptueux de tous les peuples. L'entreprise ne laissa pas de réussir.

On se rendit de part et d'autre au lieu désigné. Afin que tout se passât sans tumulte et sans désordre, deux nobles chevaliers, le sire de Harpedanne, breton, et le comte de Rutland, anglais, furent chargés d'amener et de reconduire les champions des deux partis avec une suite nombreuse d'hommes d'armes. Le 19 mai, ils les conduisirent au champ clos, ainsi qu'il avait été convenu. Les chevaliers mirent pied à terre et entrèrent tout armés dans la lice, encouragés par les cris des assistants. On donna le signal du combat. Avant d'en venir aux mains, les Anglais avaient résolu de diriger leur première attaque contre messire du Châtel, breton, qu'ils savaient être le plus redoutable de leurs adversaires; aussi cherchèrent-ils à le terrasser. Ils lui portèrent tout d'abord deux vigoureux coups de lance; mais celui-ci les para vaillamment de ses deux mains. Aussitôt la mêlée commença; toutes les armes furent mises en usage; chacun était animé de l'espoir de vaincre.

Je laisse aux gens de la cour et aux seigneurs le soin de raconter quelle adresse et quelle agilité chacun déploya dans cette circonstance, avec quel empressement et quelle valeur les chevaliers se secoururent l'un l'autre, et quel effroi saisit les spectateurs, lorsqu'ils virent le sang couler de part et d'autre et la victoire indécise. Je me contenterai de dire que le combat fut long et acharné, et qu'ils s'accablèrent mutuellement de propos injurieux. Les Anglais, tout en frappant à coups redoublés avec une force irrésistible, renvoyaient les Français aux brouets de la cour; et de leur côté les Français reprochaient à leurs adversaires la mort ignominieuse de leur roi Richard. Enfin, un chevalier anglais fut tué, et les autres, qui étaient grièvement blessés, se rendirent.

La victoire étant ainsi restée aux Français, le sire de Harpedanne, breton, ramena les vainqueurs à Paris, où les seigneurs de la cour les reçurent avec toutes sortes de marques d'amitié, et les comblèrent de présents, comme ayant soutenu dignement l'honneur de la France. Les vaincus, couverts de honte et de confusion, repassèrent en Angleterre. Ce revers aurait dû leur apprendre à s'abstenir désormais de pareilles épreuves. Ils ne laissèrent pas néanmoins, pendant près de deux ans, de tenter les mêmes hasards contre de nouveaux adversaires, tantôt en plus grand nombre, tantôt en moindre nombre. Mais ce qui avait lieu de m'étonner, c'est qu'ils y mettaient autant d'acharnement que si l'on eût commis contre eux quelque trahison. Je me souviens que, dans ce temps-là, plusieurs personnes cherchèrent à savoir pourquoi les Français montraient aussi une animosité extraordinaire ; j'appris qu'ils avaient conçu une haine implacable contre les Anglais à cause de l'horrible assassinat de leur roi et du bannissement injurieux de la reine, fille du roi de France, et que n'osant point ouvertement leur faire la guerre, de peur d'être accusés d'avoir violé la trêve, ils cherchaient un prétexte honnête pour venger ces injures intolérables.

II

LE COMBAT DE MONTANDRE

En ceste année, un vaillant chevalier estant ès marches de Guyenne, nommé messire Jean de Herpedenne, seigneur de Belleville et de Montagu, qui estoit pour le roy séneschal de Sainctonge, esquelles marches souvent y avoit de belles rencontres et faicts de guerre, fit sçavoir à Paris, à la cour du roy, qu'il y avoit certains nobles d'Angleterre, ayans désir de faire armes pour l'amour de leurs dames, et que, s'il y avoit aucuns François qui voulussent venir, ils les recevroient à l'intention dessus dite. Quand aucuns nobles estans lors à Paris, spécialement à la cour du duc d'Orléans, le sceurent, ils levèrent leurs oreilles, et vinrent audit duc d'Orléans luy prier qu'il leur donnast congé d'aller résister à l'entreprise des Anglois, en intention de combattre lesdits Anglois, lesquels et d'un costé et d'autre estoient renommez vaillantes gens en Angleterre et Guyenne. Les noms des Anglois estoient le seigneur de Scales, messire Aymon Cloiet, Jean Heron, Richard Witevalle, Jean Fleury, Thomas Trays et Robert de Scales, vaillantes gens, forts et puissans de corps et usitez en armes. Les noms des François estoient: messire Arnaud Guillon, seigneur de Barbasan ; messire Guillaume du Chastel, de la basse Normandie ; Archambaud de Villars, messire Colinet de Brabant, messire Guillaume Bataille, Carouïs et Champagne, qui estoient tous vaillans gentilshommes. Et leur donna congé ledit duc d'Orléans, se confiant en leurs proüesses et vaillances. Toutesfois aucune difficulté fut faite de Champagne, lequel oncques n'avoit esté en guerre, ny en telles besongnes ; mais il estoit un des bien luictans qu'on eust peu trouver. Et pour ce ledit seigneur de Barbasan dit au duc d'Orléans : « Monseigneur, laissez-le venir : car, s'il peut une fois tenir son ennemy aux mains et se joindre à luy par le moyen de la luicte, il l'abbatra et desconfira. » Et ainsi fut donné congé audit Champagne, comme aux autres. Ils partirent de Paris bien ordonnez et garnis de harnois, et autres choses nécessaires en telles matières. Et s'en vinrent bien diligemment en Guyenne vers ledit séneschal de Saintonge.

Et fut chef desdits sept François le seigneur de Barbasan, et des Anglois le seigneur de Scales. Et fut la journée prise au dix-neufiesme jour de may. Auquel jour comparurent les parties bien ordonnées, armées et habillées comme il appartenoit. Le matin bien dévotement oüyrent messe, et s'ordonnèrent en grande dévotion, et receurent chacun le préticux corps de Jésus-Christ. Grandement et notablement les exhorta ledit seigneur de Barbasan de bien faire, et de garder leur bien en honneur. En leur démonstrant la vraye et raisonnable querelle que le roy avoit contre ses ennemis anciens d'Angleterre, sans avoir esgard à combatre pour dames, n'y acquerir la grace du monde, et seulement pour eux defendre contre l'entreprise de leurs adversaires, avec plusieurs autres bons renseignemens. Quant aux Anglois, ce qu'ils firent, on ne le sçait pas bien; mais aucuns disent qu'en s'habillant ils beuvoient et mangeoient très bien. Et vinrent aux champs, entalentez de bien combatre et eux faire valoir. Et estoient hauts et grands, monstrans fier courage. Et les François monstroient bien signes d'avoir grande volonté de eux defendre. Et estoient garnis les Anglois de targes et pavois pour le jet des lances. Après il fut crié par le héraut, du commandement dudit seneschal de Saintonge, juge ordonné du consentement des parties, que chcun fist son devoir. Lors ils s'approchèrent les uns des autres et jettèrent leurs lances sans porter aucun effect, et vinrent aux haches. Et pource qu'il sembloit aux Anglois que, s'ils pouvoient abatre messire Guillaume du Chastel, qui estoit grand et fort, du demeurant plus aisément viendroient à leur intention, ils délibérèrent d'aller deux contre luy. Et de fait ainsi le firent, tellement que Archambaud se trouva seul, sans ce qu'aucun luy demandast rien, de sorte qu'il vint à celuy qui avoit à faire à Carouis, qui estoit le premier qu'il trouva, et luy bailla tel coup de hache sur la teste, qu'il cheut à terre. C'estoit ledit Robert de Scales, qui y mourut. Quant est de Champagne, ce qu'on avoit dit advint: car il se joignit à son homme, et l'abbatit à la luicte par dessous luy, de façon qu'il se rendit. Archambaud alla aider à messire Guillaume du Chastel, qui avoit bien affaire, lequel les Anglois n'approchèrent pas sitost, l'un desquels fut contraint laisser ledit du Chastel, et se prendre à Archambaud. Là eut de belles armes faites d'un costé et d'autre; enfin se rendirent les Anglois. Et eut messire Guillaume Bataille beaucoup à faire: car il cheut, et fut abatu à terre par l'Anglois, mais tantost fut secouru par aucuns des François. Et pour abréger, les Anglois furent desconfits (1).

---

(1) *Histoire de Charles VI*, par Jean Juvénal des Ursins, année 1402; collection Michaud, II, 421, ou édition de Denys Godefroy (1653, in-f°) p. 148.

III

RELATION D'UN COMBAT
DE SEPT GENTILSHOMMES FRANÇOIS CONTRE SEPT ANGLOIS
EN 1402. (1)

L'an mil quatre cens et deux, pour ce que par aulcun temps deparavant plusieurs Françoys avoient esté par diverses foys en Angleterre. faisants certaines armes à oultrance contre les Anglois dont tous s'en estoient retournez en France à leurs honneurs, les Anglois, desplaisans de cette fortune qui longuement avoit duré, désirans recouvrer leur honneur, par la déliberacion des princes et seigneurs du royaulme, entreprindrent d'envoyer en France ung certain nombre de gens esleuz pour y deffier autant de Françoys se ilz en pouvoient trouver nulz qui par manière d'une petite bataille les ozassent ensembles combatre, et pour ce faire furent choisiz par tout le dict royaulme vij chevaliers et escuyers, les plus puissans et les plus renommez qu'ilz peurent trouver, desquelz les noms s'ensuivent, et premier monsgr Destables, messire Aymond Cloy, Jehan Heron, Richard Witenailhe, Jehan Floury, Thomas Troys et Robert Destables, et atant montèrent en la mer et vindrent en Guyenne, d'où ilz envoyèrent ung hérault anglois à Paris pour signifier leur venue et faire sçavoir que, s'il y avoit aucun Françoys qui pour l'amour de leurs dames voulsissent faire armes et aller ès dictes marches de Guyenne pour ce faire, ilz trouveroient gens tous prestz pour les leur accomplir. Et quant ces nouvelles furent en la maison de monsgr d'Orléans, plusieurs nobles chevaliers et écuiers qui y estoient s'en esjouyrent très fort, pour ce que c'estoit la chose où plus se délectoient et où plus souvent ilz se excercitoient, entre lesquels comme les plus renommez et chevalureux des aultres se assemblèrent jusques au nombre de six chevaliers et escuyers pour entreprendre d'accomplir aus dicts Angloix leur requeste, c'est assçavoir : monsgr de Barbasaan, messire Guillaume du Chastel, messire Olivier de Brebant, messire Guillaume Batailhe, Archambauld de Villard et Caroys, avec lesqueulx ainsi qu'ilz voloient procéder à en eslire ung pour estre le vij°, à cause de ce que lesdictz Angloix estoient sept, survint entre eulx ung jeune escuier de ladicte maison nommé Champaigne, qui les requist et pria moult fort de le recueillir avec eulx ausd. armes faire, à laquelle chouse accorder y eust de grans difficultez pour ce qu'il estoit comme dict est jeune et n'avoit pas grandement veu telz affaires. Mais à la par-

---

(1) Dans le *Bulletin de la société de l'histoire de France*, tome Ier, 2e partie, p. 109, d'après un manuscrit de la « Bibliothèque royale ; mss. fonds de Fontette, no 1074 ».

fin pour ce que par semblant de plus grant cueur les en requeroit que aultres ne faisoient, ilz le luy accordèrent et de faict se tirèrent par devers mondict seigneur d'Orléans, leur maistre, pour lui supplier leur donner congé de respondre ausdictz Angloix, ce que leur octroya voluntiers, pour ce que si preux et vaillants les congnoissoit que il ne doubtoit point que à son honneur et le leur ne retournassent, dont humblement le remercièrent, et lors dirent audict hérault angloix que il s'en retournast devers ses maistres leur dire que, à ung jour que ilz luy nommèrent, ilz trouveroient qui leur accompliroit leur désir sans faillir, et après avoir de mondict seigneur d'Orléans et de eulx receu aucuns grans dons que ilz luy firent s'en partit, et tantoust après s'en partirent de Paris pour eulx en aller bien garniz de quant que leur failloit en telles matières et s'en vindrent en la marche de ladicte Guyenne, où les dessus dictz Angloix estoient et furent par entre eulx d'un commun accord deux chevaliers esleuz et nommez pour estre juges de leur champ, c'est asscavoir pour les Angloix ung nommé Harpadaine, seigneur de Belleville, et pour les Françoys le seigneur de Pontz, par lezquels fut lieu nommé pour lesdictez armes faire en une lende près de Montendre, au dixneufiesme jour de may audict an, auquel jour et lieu comparurent les parties bien ordonnez et bien habillez, selon que le cas le requiert ; et le matin les Françoys bien dévotement ouyrent messe, et se ordonnèrent en grant dévocion, et receurent chacun le précieulx corps de notre Seigneur, et notablement les exorta ledict seigneur de Pontz de bien faire et de garder leur vie et honneur, en leur remonstrant la vraye et juste querelle que le roy avoit contre ses ennemys anciens d'Angleterre, sans avoir regard à combatre pour dames, ne acquérir vaine gloire pour la grace du monde avoir, mais seullement pour eulx deffendre contre l'entreprise de leurs adversaires, avec plusieurs aultres bons enseignemens. Au regard des Angloix, ilz se trouvoient si fiers et asseurés de leur cas que, en lieu de faire envers leur Créateur leur debvoir en tel cas acoustumé, ilz se mirent à table armez, fors de leurs bacinets, pour manger et boyre, et après ce faict s'en vindrent au champ d'une part et d'aultre, appareillez de faire leur debvoir. Et pour ce que lesdictz Anglois avoient autresfoys veu à l'espreuve messire Guillaume du Chastel en pareil affaire, et que il leur estoit advis que si, ilz en pouvoient venir à chef de bonne heure, peu devoient estimer les autres, se délibérèrent de ordonner à deux des plus puissans d'entre eulx pour à l'arrivée assaillir ledict du Chastel, dont le grant Floury fut l'un ; et, quant il pleut ausdictz juges, fut crié par ledict hérault que chacun fist son devoir, atant aprocharent les ungs des aultres et gectarent leurs langes (lances) de toutes pars sans porter aulcun effect fors celle dudict du Chastel, qui de telle roideur fut gectée entre ses adversaires que elle entra si avant oudict champ que, tant comme la bataille dura, elle y demoura toute plantée la dernière plus de quatre piedz loing de terre ; puis vindrent aux hasches, et à l'assemblée qu'ilz firent, où eust maint grant coup donné, ledict Floury et son compaignon assaillirent tout à ung coup messire Guillaume du Chastel, ainsi que entreprins estoit, pour quoy de la part des Françoys ledict Champaigne se trouva seul sans que aulcun lui demandast riens, et demoura voyant ses compaignons combattre, sans se mouvoir jusques à ce qu'il apperceut messire Guillaume Bataille abatu par le seigneur Destalles, et lors se délibéra de l'aller revencher, ce que il fist, et tellement se y porta que à la parfin il abatit ledict seigneur Destalles et puis le tua. Et pendant ledict messire Guillaume Bataille se releva tout estonné du coup qu'il avoit reçu et apperceut ledict du Chastel et lesdictz deux Angloix qui encores ensembles se combatoient ; lors s'adressa à eulx et cuydant frapper sur l'un de ses adversaires, il frappa ledict du Chastel, lequel après avoir reçu le coup, luy escrya : « Aux aultres, frère ! aux aultres ! » Et quant ledict Bataille eut ce ouy, il s'adressa à l'un desdicts deux Angloyx ; par luy ledict du Chastel se délivra en peu de temps dudict Floury le fort, et le batit en telle façon que, jusques à la bataille finie, ne se releva ; et lors se eschauffa l'affaire d'une part et d'aultre, faisant de tous coustez merveilleux faiz d'armes ; et à la fin Dieu donna la victoire aux Françoys, et se rendirent les Anglois à eulx, les uns abbatuz, les autres sur piedz, dont par le jugement commun desditz juges furent les six Angloix vifz mis hors du champ et le mort avec eulx emporté ; et les Françoys furent puis après en grant honneur menez à la maitresse église de Pontz rendre grâce à Dieu de leur victoire. Et s'en retournarent à Paris, où ils furent du roy et de leur maitre honnorablement recueilliz et bien receuz.

IV

Octovien de Saint-Gelais, évêque d'Angoulême, fils de Pierre de Saint-Gelais, seigneur de Montlieu, parle de ce combat dans son *Séjour d'honneur* :

> Après je vis sept nobles preux François
> Armés à blanc, ayant au point la hache,
> Qui défirent sept arrogans Anglois,
> Où pas un d'eux si ne se montra lasche :
> Nul d'iceux n'eut pour lors pied à l'attache ;
> Car si très bien firent sans épargner,
> Qu'asses en peut Montandre témoigner,
> Château cogneu, où fut l'emprinse faite
> Et des Anglois honteuse la défaite.

V

TROIS BALLADES DE CHRISTINE DE PISAN (1)

1

Prince honnouré, duc d'Orliens louable,
Bien vous devez en hault penser déduire
Et louer Dieu, et sa grâce amiable,
Qui si vous veult en tout honneur conduire ;
Que le renom par le monde fait luire
De vostre cœur raemplie de noblesce,
Qui resplendist comme chose florie.
En noble los, et adès est radrece
De hault honneur et de chevalerie.

Cy ont accreu le loz li . VII. notable
Bon chevalier que vaillance a fait duire,
Si qu'à grant poinne et victoire honnourable
Ont desconfit les . VII. Angloiz, qui muire
Aux bons François, cuident les destruire ;
Mais le seigneur du Chastel où prouesce
Fait son réduit et la bachelerie
Bataille, ont mis les Angloiz hors l'adrece
De hault honneur et de chevalerie.

Et Barbasan, le vaillant combatable
Qui mains grans biens fera ainçois qu'il muire,
Champaigne aussi, Archambaut secourable,
Le bon Clignet, qui tout bien sçot radvire,
Keralouys, qui sans cesse reduire
En armes veult son corps et sa jeunesce ;
Par ces . VII. bons est la gloire périe
De noz nuisans, qui perdent la haultesce
De hault honneur et de chevalerie.

Prince poissant, honnourez à léesce
Tous bons vaillans en valour n'est périe :
Car vous aurez par eulx toute largesce
De hault honneur et de chevalerie.

2

Bien viengnez bons, bien viengnez renommez,
Bien viengniez vous, chevalier de grant pris,
Bien viengniez preux, digne d'estre clamez
Vaillans et fors et des armes apris.
Estre appellez devez, en tout pourpris,

---

(1) Christine de Pisan a composé trois ballades : la première pour le duc d'Orléans ; la seconde pour les sept chevaliers vainqueurs ; la troisième pour les dames et princesses afin de les engager à récompenser le courage des chevaliers. Elles ont été publiées pour la première fois par Leroux de Lincy dans la *Bibliothèque de l'école des chartes*, I, 376, d'après un manuscrit de la bibliothèque du roi.

Chevalereux, très vertueux et fermes,
Durs à travail pour grans coups ramener,
Fors et esleuz ; et pour voz belles armes
On vous doit bien de lorier couronner.

Vous, bon seigneur du Chastel, qui amez
Estes de ceulx qui ont tout bien empris ;
Vous, Bataille, vaillant et affermez,
Et Barbasan en qui n'a nul mespris ;
Champaigne aussi de grant vaillance espris,
Et Archambaut, Clignet aux belles armes,
Keralouys, vous tous . VII. pour donner
Exemple aux bons et grant joie à voz dames,
On vous doit bien de lorier couronner.

Or, avez vous noz nuisans diffamez,
Loué soit Dieu qui de si grant périlz
Vous a gecté ! Tant vous a enamez
Que vous avez desconfis, mors et priz
Les . VII. Anglois de grant orgueil empris,
Dont avez los et d'omnes et de femnes ;
Et puisque Dieux à joye retourner
Victorieux vous fait ou corps les ames,
On vous doit bien de lorier couronner.

Jadis les bons on couronnait de palmes
Et de lorier, en signe de régner,
En hault honneur, et pour suivre ces termes,
On vous doit bien de lorier couronner.

3

Haultes dames, honnourez grandement,
Et vous toutes, damoiselles et femmes,
Les . VII. vaillans qui ont fait tellement
Qu'à tousjours mais sera nom de leurs armes,
Nez quant leurs corps seront dessoubz les lames,
Remaindra loz de leur fait en mémoire,
En grant honnour, au royaume de France ;
Si qu'à tousjours en mainte belle histoire
Sera retrait de leur haulte vaillance.

Et comme on seult faire anciennement
Aux bons vaillans chevaleureux et fermes,
Couronner les de lorrier liement :
Car c'est le droit de victoire et li termes ;
Bien leur affiert le lorier et les palmes
De tout honneur et signe de victoire,
Quant ont occis et mené à oultrance
L'orgueil angloiz, dont com chose notoire
Sera retrait de leur haulte vaillance.

Et tant s'i sont porté tuit vaillamment
Que l'en doit bien leurs noms mectre en beaux termes.
Au bon seigneur du Chastel grandement
Lui affiert loz, à Bataille non blasmes ;
Bien fu aisié Barbasan en ses armes ;

Champaigne aussi en doit avoir grant gloire,
Et Archambault, Clignet de grant constance,
Keralouys, de ceulx ce devons croire
Sera retrait de leur haulte vaillance.

Princesses très haultes, aiez mémoire
Des bons vaillans qui par longue souffrance
Ont tant acquis qu'en mains lieux, chose est voire,
Sera retrait de leur haulte vaillance.

VI

LES COMBATTANTS

Quelques notes sur les combattants ne seront peut-être pas inutiles. Les renseignements n'abondent pas pour quelques uns. Nous donnons ce que nous avons, et nous empruntons les détails en la plus grande partie à la *Bibliothèque de l'école des chartes*, I, 382, où Leroux de Lincy les a insérés à la suite des ballades de Christine de Pisan. Nous devons mettre en première ligne le sénéchal de Saintonge, qui fut juge du camp,

JEHAN DE HARPEDANE DE BELLEVILLE.

Jean de Harpedenne ou Harpedane, seigneur de Belleville et de Montaigu en Poitou, était d'origine anglaise et fut même, selon d'Hozier, *Armorial général*, I, 59, général de l'armée en Guienne. Il était gouverneur de Fontenay le Comte en 1369, lorsque du Guesclin vint assiéger cette place. En l'absence de Harpedane, sa femme se mit à la tête de la garnison, défendit vaillamment la place, et, après des prodiges de valeur, força les Français à lever le siège. On ne sait quelles hautes raisons avaient porté, quelques années plus tard, Jean de Harpedane à déserter le parti des princes anglais pour embrasser la cause française. Toujours est-il qu'il était chambellan du roi Charles VI en 1387, capitaine général de sa majesté en la province de Périgord et capitaine de gens d'armes en 1388. Il acquit plusieurs terres considérables, notamment celle de Montandre en Saintonge, « et fut, dit O'Gilvy, *Nobiliaire de Guienne*, I, 116, avec le seigneur de Duras, juge du camp à la fameuse passe-d'armes du 19 mai 1402, entre dix-sept (*sic*) chevaliers français et un pareil nombre de chevaliers anglais, et dans laquelle la victoire demeura aux premiers. Jean de Harpedane, alors sénéchal de Saintonge pour le roi Charles, et commandant des troupes de ce prince en ce gouvernement, mourut avant le 14 juin 1406. » Il avait épousé Jeanne de Clisson, dame de Belleville, en Poitou, — terre qu'elle apporta en dot à son mari et dont les descendants gardèrent le nom — fille d'Olivier, sire de Clisson, et de Jeanne, héritière et dame de Belleville, de Montaigu, de Palluau, de Châteaumur et de Beauvoir-sur-mer, et sœur du fameux sire de Clisson, connétable de France. Son fils, Jean II de Harpedane, seigneur de Belleville, époux de Jeanne de Penthièvre, puis de Jeanne de Mucidan, acquit de François de Montberon, vicomte d'Aunai, les terres de Cosnac et de Mirambeau, moyennant 8,000 écus d'or.

Armes: *Gironné de vair et de gueules de dix pièces.*

I. — ARNAUD-GUILLEM DE BARBAZAN

Il était d'une famille par dessus tout guerrière, dans cette province de Gascogne où chacun est belliqueux, et depuis longtemps elle s'y était rendue illustre. Originaire du pays de Nébouzan, elle habitait le château de Barbazan dont elle tirait son nom, à l'extrémité de la vallée de Barousse, là où la petite rivière de Lourse se jette dans le lit de la Garonne encore à son origine. « Fièrement campé sur un des promontoires du massif du pic de Gar, le château de Barbazan, encore debout, atteste par sa forte position et son assiette imprenable la puissance et la magnificence de ses héroïques seigneurs ». Les ancêtres de notre héros sont de toutes les batailles ; ils prennent part à tous les combats, toujours les premiers où il y a un bon coup à frapper. « Alliés fidèles des comtes d'Armagnac, ils luttent pour la fortune de la France ; et ce n'est que forcés par la loi du vainqueur qu'ils courbent momentanément la tête devant la bannière du roi d'Angleterre. » C'est pour récompenser les Barbazan de leur fidélité à la cause nationale, et aussi les services signalés du chef de la famille, que le duc d'Anjou nomma Manaud de Barbazan, en 1370, maréchal du Languedoc, puis capitaine du Poitou, de la Saintonge et de l'Angoumois, en lui servant une pension de 300 livres d'or par mois.

C'est de ce Manaud de Barbazan et de Jeanne de Lambert qu'était fils notre Arnaud-Guillem de Barbazan ; il avait une sœur, Jeanne, qui habitait le château de Tauzia, et un frère, Jean, mort avant son père, et dont la fille, Oudine, mariée au seigneur de Faudoas, devint à la mort de son oncle héritière de tous les biens de cette puissante maison. M. Philippe Lauzun, dans sa très importante étude, *Châteaux gascons de la fin du XIIIe siècle*, à l'article *Tauzia*, II, (Voir *Revue de Gascogne*, t. XXXIII, décembre 1892, p. 555), a raconté la vie du preux. Nous lui laissons la parole :

« C'est d'abord dans les tournois, l'école indispensable à tout gentilhomme qui se respecte, que brille Arnaud-Guillem de Barbazan, dont la gloire va bientôt dépasser celle de son père Manaud. Il parait une première fois, comme témoin particulier du comte Jean III d'Armagnac, à la célèbre joute de Rodez, du 30 décembre 1383, où les deux champions, Jacques Breton et Louis de Sère, portent les couleurs des deux nations rivales. Puis il prend la principale part à la non moins célèbre passe d'armes de Montendre, au mois de mai de l'an 1402, dont tous les chroniqueurs de l'époque nous ont transmis les intéressants détails…

La mort de Jean III d'Armagnac au-delà des monts fit passer toute la fortune de cette maison sur la tête de Bernard VII, son frère, le fameux connétable. Arnaud-Guillem de Barbazan unit intimement sa destinée à celle de ce prince. Il fut, durant les troubles qui ensanglantèrent la France dans les premières années du XVe siècle, un des chefs les plus autorisés du parti d'Armagnac, et plus tard un des vaillants guerriers qui, avec Xaintrailles et Lahire, contribuèrent le plus puissamment à chasser les Anglais.

En 1413, Barbazan soutint Bernard d'Armagnac dans ses éternelles revendications à main armée contre la maison de Foix. Puis, après la défaite d'Azincourt et la prise de Paris, par les Anglais et la faction bourguignonne (1415), nous le retrouvons, le lendemain de cette mémorable journée, à côté du connétable et de Tanneguy du Châtel, essayant de reprendre la capitale à Jean-sans-Peur. Déjà ils s'étaient emparés du faubourg Saint-Antoine et ils marchaient sur le Louvre et l'hôtel Saint-Paul, pour chercher à surprendre le roi, lorsque le peuple des rues se retourna contre eux, les culbuta jusque sous les murs de la Bastille, et après une tuerie épouvantable, les força à se replier hors Paris.

Barbazan fut, sinon l'un des auteurs, du moins un des témoins de l'assassinat de Jean-sans-Peur, au pont de Montereau, le 10 septembre 1419. Mais il n'approuva jamais le meurtre du duc de Bourgogne, « auquel de Barbazan, dit Monstrelet, fut moult désagréable, et tant que par plusieurs fois reprocha à ceulx qui avaient machiné le cas dessus dit, en disant qu'ils avaient détruit leur dessus dit maître de chevance et d'honneur. Et dit que, mieux vauldroit avoir été mort que d'avoir été à icelle journée, combien qu'il en fust innocent. » Sa renommée, ajoute Monlezun, n'en fut point atteinte, et il conserva, même parmi les Bourguignons, le surnom de chevalier sans reproche, dont le roi l'avait gratifié.

L'éveil était donné; Jeanne d'Arc était apparue et déjà, sous les murs d'Orléans, avait ranimé tous les courages. Charles VII venait d'être sacré à Reims, et l'illustre héroïne qui avait sauvé la France mourait, abandonnée pitoyablement, sur le bûcher de Rouen. Vers cette même année, faillit expirer au fond d'un noir cachot, où il était enfermé depuis neuf ans, l'illustre Barbazan.

Notre héros avait brillamment défendu la ville de Melun, assiégée par les Anglais en l'année 1420; « dedans laquelle ville, « dit Monstrelet, estoit principal capitaine le seigneur de Barba- « zan, noble vassal, expert subtil et renommé en armes. »

Il y eut, durant le siège, écrit le même auteur, et avec lui Juvénal des Ursins, « maintes belles expertises d'armes entre « les deux partis », dont quelques unes se firent même la nuit, à la lueur des torches et des flambeaux. Un jour, le roi d'Angleterre voulut jouter contre un chevalier français ; ce fut le sire de Barbazan qui se présenta. Mais dès qu'il eut reconnu à qui il avait à faire, il s'inclina respectueusement devant le monarque anglais, et lui laissa le champ libre. La garnison de Melun ayant dû, peu après, capituler et avec elle le seigneur de Barbazan, l'altière duchesse de Bourgogne exigea qu'on lui livrât sa tête, comme étant un des assassins de son mari. Mais le rusé Gascon rappela à propos sa joute avec le roi d'Angleterre, se réclama de sa qualité de frère d'armes du monarque, et obtint, en échange de la vie, un triste et long emprisonnement. Il fut envoyé en Normandie, dans les sombres cachots du Château-Gaillard. Ce ne fut qu'en 1430 que le brave Lahire, ayant surpris le château par escalade et ayant chassé la garnison anglaise, trouva Barbazan enfermé depuis le siège de Melun dans une étroite cage en fer. « On en rompit les barreaux ; mais, par un de ces sentiments exagérés qui n'appartiennent qu'à une époque où les vertus étaient outrées comme les vices, le chevalier ne voulut point en sortir. Il avait promis au gouverneur Kingston d'être son loyal prisonnier et il fallait que sa parole fût dégagée. On dut courir après l'Anglais, qui revint délivrer lui-même le trop scrupuleux Barbazan. Le roi l'accueillit avec d'autant plus de joie que le bruit de sa mort s'était généralement répandu, et il le nomma aussitôt gouverneur de la Champagne. »

Barbazan continua ses exploits. Il s'empara de plusieurs places occupées par les Anglais, ce qui lui valut encore le titre de restaurateur du royaume et de la couronne de France, qui est énoncé dans les lettres patentes de Charles VII, et il se signala tout particulièrement dans les plaines de la Champagne, à La Croisette, près Châlons-sur-Marne, où, « avec trois mille hommes, il tailla en pièces huit mille ennemis et fit six cents prisonniers. »

Son courage poussé jusqu'à la témérité, devait amener sa mort. Il la trouva, le 2 juillet 1431, sur le champ de bataille de Belleville, près Nancy, où se rencontrèrent les armées de René d'Anjou et d'Antoine de Vaudemont, tous deux se disputant la Lorraine. Maréchal de l'armée du roi René, Barbazan fit des prodiges de valeur et tomba percé de coups, entraînant avec lui la défaite de son chef.

La mort de Barbazan fut une perte pour le parti français. Charles VII la ressentit vivement. Il fit porter le corps de ce grand homme dans l'église de Saint-Denis, au tombeau des rois de France. Il ordonna qu'il y fût enterré avec les mêmes honneurs et cérémonies qu'on avait accoutumé de faire aux obsèques des souverains. Les lettres patentes, qui furent octroyées le 10 mai 1434 et qu'a rapportées le père Menestrier, jésuite, dans son *Traité de l'origine des ornemens extérieurs des armoiries*, en font foi : « Ayant égard, y est-il dit, et considération aux grandes et signalées vertus et recommandables services à lui rendus et aux seigneurs rois ses prédécesseurs par Arnaud-Guillem de Barbazan, chevalier sans reproche, conseiller du roi, premier chambellan, au fait des guerres y exprimées, il est permis au dit sieur de Barbazan de porter, le nom et titre de chevalier sans reproche, comme aussi de porter, lui et ses descendants de nom et maison de Faudoas, les trois fleurs de lys, sans barre, dans ses armes. Pour dernière preuve de l'amitié que le seigneur roi lui portait, il lui permet et veut qu'il soit enseveli dans l'église de Saint-Denis en France, sépulture des rois et en leur chapelle et à leur côté, avec une sépulture de bronze, effigie et statue dudit Barbazan, et une épitaphe pour marque à la postérité de sa valeur avec les mêmes honneurs et cérémonies qu'on a coutume de faire aux rois. »

Barbazan fut dernier mâle de sa famille; ses biens retournèrent à la maison de Faudoas avec laquelle les Barbazan avaient fait alliance en 1396. Sa réputation de bravoure fut longtemps populaire. Jean de Beuil, dans le *Jouvencel* (1460), cite la mort de Barbazan comme un exemple à suivre : « Je puis dire que les grandes vertus et grans perfections ont esté trouvées aux gens de guerre... Premièrement la vertu de force en tant que plusieurs ont esté qui aymoient mieulx mourir en combattant que fuyr à leur déshonneur, comme feit Barbasan le bon chevalier. Dieu luy face pardon. »

Armes : *Ecartelé aux 1 et 4 d'azur à la croix d'or; aux 2 et 3 de France.* Devise : SANS REPROCHE.

II. — GUILLAUME DU CHATEL

Guillaume du Chatel, fils d'Hervé, seigneur du Chatel, et de Mencie de Lescoet, frère d'Olivier qui fut établi sénéchal de Saintonge le 1er février 1413, et de Tanneguy du Chatel, conseiller et chambellan du roi, qui sauva le dauphin, depuis Charles VII, etc., fut chambellan du roi Charles VI et du duc d'Orléans. Après avoir combattu à Montandre en 1402, il fut, l'année suivante, l'un des chefs qui conduisirent les Bretons contre les Anglais. Il commandait la flotte qui vint attaquer celle des Anglais près de Saint-Mahé, et remporta sur ces derniers une victoire complète. En 1404, du Chatel fit, avec les Bretons, une descente dans l'île de Jersey, et pilla cette île. Mais l'expédition ayant été conduite sans prudence, les Anglais forcèrent bientôt les Bretons à se retirer, et du Chatel fut tué dans le combat livré à cette occasion (1404). C'est à tort que Barante, dans son *Histoire des ducs de Bourgogne*, II, 396, a confondu Guillaume avec son frère Tanneguy du Chatel, et attribué à ce dernier la part que prit Guillaume au combat de Montandre. Voir le P. Anselme, VIII, 357, *Généalogie de la maison de Du Chastel*.

Armes : *Fascé d'or et de gueules de 6 pièces.* Supports, deux léopards. Cimier, un timbre couronné et un château donjonné.

III. — GUILLAUME BATAILLE

Guillaume Bataille, chevalier, était chambellan de Louis, duc d'Orléans (janvier 1403), qui le nomma sénéchal d'Angoumois. Après le meurtre du prince arrivé en 1407, Valentine, sa veuve, confirma Bataille dans l'exercice de cette charge. Il existe au cabinet des titres de la bibliothèque nationale, plusieurs quittances données par Guillaume Bataille, à l'une desquelles est jointe une lettre (28 janvier 1410) de Charles, duc d'Orléans, qui ordonne à Pierre Renier, son trésorier général, de compter à Guillaume Bataille la somme de deux cents écus d'or, « pour distribuer à notre plaisir, en certain voyage où nous l'envoyons présentement, ès parties d'Espagne, de la distribution desquels nous ne voulons autre déclaration être faite ne que notre dit chambellan soit tenu d'en rendre aucun compte. » Guillaume Bataille, par un acte en latin du mois de janvier 1413, reconnait avoir reçu cent livres tournois qui lui étaient dues sur ses gages comme sénéchal d'Angoulême. C'est la dernière pièce où il soit question de lui.

Armes : *D'argent à trois cotices de sable au lambel de gueules.*

IV. — GUILLAUME DE LA CHAMPAGNE

Guillaume de La Champagne, seigneur d'Apilly, chambellan du duc d'Orléans, fut l'un des serviteurs les plus dévoués de ce prince. Plusieurs actes originaux des années 1403, 1406, 1407, prouvent la munificence de Louis à l'égard de son chambellan. Dans trois actes des années 1406 et 1407, Guillaume prend le titre de chambellan du roi et capitaine de la ville et du château d'Avranches, et il donne quittance en cette qualité.

Armes : *De à trois mains appaumées de...*

V. — ARCHAMBAUT DE VILLARS

Archambaut de Villars, écuyer, maitre d'hôtel de Louis, duc d'Orléans, jouissait d'une grande faveur auprès de lui. Le prince reconnut avec munificence le service qu'Archambaut lui avait rendu, en prenant part au combat de Montandre. Au mois de mars de l'année 1403, probablement à l'occasion des étrennes, Archambaut donnait quittance d'une somme de trois cents livres tournois qui lui avait été accordée par monseigneur « pour les bons et agréables services que je lui ai faiz ou temps passé et espère que face ou temps à venir ». Au mois de septembre de la même année, Louis donnait encore à Archambaut une somme de deux cents francs d'or, « pour luy aider à soy habillier, pour venir avec nous et en nostre compaignie en ce voyage que nous entendons présentement faire ès parties de Lombardie et d'Italie ». Ces gratifications n'empêchaient pas Archambaut de recevoir par mois quarante livres tournois, somme à laquelle étaient fixés ses gages habituels comme officier de la maison d'Orléans.

En juillet 1406, le duc d'Orléans envoya Archambaut de Villars en Allemagne « pour certaines besoignes qui grandement nous touchent », dit le prince dans les lettres par lesquelles il fait compter au maître d'hôtel, pour son voyage, une somme de cent douze francs dix sous.

L'année suivante, Archambaut est en possession de la garde et capitainerie de la ville et du château de Pontorson.

En 1408, il est capitaine de Blois, comme le prouvent plusieurs actes qu'il souscrivit en cette qualité et dont le plus ancien est du mois de février 1408. Après l'assassinat de Louis, duc d'Orléans, à Paris, novembre 1407, la duchesse Valentine, de Milan, ne pouvant obtenir justice du malheureux Charles VI ni même du dauphin, quitta la capitale. S'étant arrêtée quelque temps à Blois avec le jeune Charles, son fils, elle confia à Archambaut de Villars le commandement des gens d'armes commis à la garde du château, par lettres patentes du six août 1408. En février 1409, il fut envoyé en Gascogne par devers le comte d'Armagnac et le vicomte de Castelbon pour les affaires du jeune duc, Charles d'Orléans. Il reprit auprès de Charles d'Orléans la charge de maître d'hôtel qu'il avait exercée auprès de Louis son père. A la fin de 1409 et en 1410, Archambaut fit quelques voyages pour les affaires du duc d'Orléans, dont il avait toute la confiance. Il était encore en 1418 capitaine du château de Blois. En 1431 la garde du château de Blois fut donnée au bâtard d'Orléans ; Archambaut, à cause de son grand âge et de sa débilité, ne pouvait plus faire le service dans ces temps de guerre.

Armes : *D'hermines au chef de   chargé d'un lambel.*

VI. — PIERRE DE BRABAN

Pierre de Braban ou Breban, dit Clignet, seigneur de Landreville, chevalier, conseiller et chambellan du roi, lieutenant général en Champagne, faisait la guerre contre les Anglais dès octobre 1362, où, le 21, il obtenait rémission pour avoir couru les terres de la comtesse de Bar, et les avoir pillées. « Fait prisonnier, le roi lui donna, les 10 juillet 1368 et 11 mai 1372, une somme de quatre cents livres pour l'aider à payer sa rançon. Il se trouva à Arras le 22 septembre 1386 avec un autre chevalier et sept écuyers, lors du projet de passer en Angleterre ; le roi lui donna les 23 avril 1391 et 20 juillet 1395 une somme en considération de ses bons services. Il s'attacha à Louis de France, duc d'Orléans, duquel il était pensionnaire; obtint par sa faveur et à sa prière la charge d'amiral, dont il fut pourvu par lettres du 1er avril 1405, à la place de Regnault de Tric ; il perdit cet emploi après la mort de ce prince. Il est qualifié seigneur de Raichy, conseiller du roi et amiral de France, dans sa promesse, le 17 octobre 1406, de bien et fidèlement garder la ville forteresse de Chimay, dont il devoit avoir la jouissance à cause de Marie de Namur, sa première femme, et d'en laisser l'entrée libre au comte de Hainaut, toutes les fois qu'il le voudrait. Il tint constamment le parti d'Orléans contre celui de Bourgogne, soutint en 1411 le siège que les Bourguignons vinrent mettre au château de Moymer au comté de Vertus en Champagne; en sortit pour aller chercher du secours, y laissant son frère pour y commander. Deux ans après, pendant qu'on traitait la paix entre ces princes, il alla avec de grosses troupes ravager le pays de Gâtinois, s'empara de plusieurs places, ce qui donna occasion au roi, à la requête du duc de Bourgogne, d'ordonner à ce sujet en plein parlement, le 10 mai 1413, que toutes personnes portant armes eussent à se retirer en leur maison, avec défenses de faire aucune assemblée de gens d'armes. Quoique ces maux et ceux qu'il avoit faits aux environs de Paris fussent tout récens, il ne laissa pas, sur la fin de la même année, d'y être très bien reçu en la compagnie du comte d'Armagnac, lorsque le parti d'Orléans prévalut sur celui de Bourgogne. Au mois d'avril 1415, il fit un combat particulier contre un chevalier de Portugal dans la ville de Bar-le-Duc, en présence du duc, dont il sortit avec honneur ; fit la même année de glorieux exploits contre les Anglois en Picardie, en la compagnie du maréchal de Boucicault et du bâtard de Bourbon. Ce fut lui qui commença l'escarmouche à la bataille d'Azincourt avec mille hommes d'armes bien montez. L'année suivante, s'étant approché de Paris avec les troupes qu'il commandoit, il y causa beaucoup de frayeur. Il eut différend avec le bailly de Vitry au sujet de la garde et du gouvernement des villes et château de Vitry et de Saint-Dizier, dont le jugement fut remis au cardinal duc de Bar par le dauphin, lors régent du royaume le 12 juin 1420 ». Il vivait encore en 1428, dit le père Anselme qui, vii, 814, nous raconte ces détails.

Armes : *Fascé d'argent et de sable de huit pièces, à la bande de gueules chargée de trois coquilles d'or.*

VII. — YVON DE CAROUIS

On n'a rien de particulier sur Ivon de Carouis ou Keralouis, qui fut, comme les six autres, attaché à la maison du duc d'Orléans. Dans l'une des trois ballades, Christine parle de lui comme étant fort jeune. Dans différentes montres de gens d'armes, publiées par dom Morice, et qui datent des années 1376 à 1380, on trouve nommées deux personnes du nom de Karouis ou Keraouis, Jean et Philippe. L'un de ces deux personnages, simples chevaliers de la montre d'Olivier, sire de Clisson, fut sans doute le père d'Ivon, qui prit part au combat de Montandre.

VII

Les deux inscriptions suivantes, gravées sur marbre blanc par M. Camille Arnold, sculpteur à Saintes, ont été encastrées à Montandre, le 21 juillet 1895, sur une colonne qui s'élève près des halles :

A LA MÉMOIRE
DES SEPT CHEVALIERS FRANÇAIS
VAINQVEVRS
DES SEPT CHEVALIERS ANGLAIS
A MONTANDRE
19 MAI MCCCCII
LA SOCIÉTÉ
DES ARCHIVES HISTORIQUES
DE SAINTONGE ET D'AVNIS
XXI IVILLET
M DCCC XCXV

La première plaque porte l'écusson de la société des *Archives* : *Parti d'azur à la mitre d'argent accompagnée de 3 fleurs de lys d'or*, qui est Saintonge, *et de gueules à la perdix couronnée d'or à l'antique*, qui est Aunis. Devise : SERVARE VVLGARE. La couronne de comte rappelle le comté de Saintonge.

CHEVALIERS FRANÇAIS
GVILLELM DE BARBAZAN
GVILLAVME DV CHATEL
GVILLAVME BATAILLE
GVILLAVME DE LA CHAMPAGNE
ARCHAMBAVT DE VILLARS
PIERRE DE BREBAN
IVON DE CAROVIS

—

IEAN DE HARPÉDANE
SÉNÉCHAL DE SAINTONGE

La deuxième a les armes de Montandre : *Parti gironné de vair et de gueules de 10 pièces*, qui est Harpedane de Belleville, *et burelé d'argent et d'azur à 3 chevrons de gueules, le premier écimé, brochant sur le tout*, qui est La Rochefoucauld. Couronne de marquis, marquisat de Montandre. Devise : FAVT PLVS HAVT QVE MONT TENDRE.

www.ingramcontent.com/pod-product-compliance
Lightning Source LLC
Chambersburg PA
CBHW060934050426
42453CB00010B/2015